UNREAD

影子

SHADOW
WORK

自爱
Valerie Inez & Latha Jay
行动指南

日记

JOURNAL FOR
SELF-LOVE

〔美〕拉莎·杰伊
〔美〕瓦莱丽·伊内兹 著
鲁擎雨 译

北京联合出版公司
Beijing United Publishing Co.,Ltd.

深切缅怀我的父亲杰伊,他相信,我能做到连我自己都想不到的事情。

——拉莎

献给我的孩子们。我之所以踏上这条疗愈之路,是为了让你们拥有应得的坚实依靠。

——瓦莱丽

目录

在开始之前
001

导论
005

第 1 章
阴影之旅
007

第 2 章
练习活动
027

第 3 章
深入探索导引
073

在开始之前

阴影工作(shadow work)是发掘你试图隐藏、否认和拒绝的部分自我,并将它们带入你意识的过程。它能找出阻碍你前进的根本原因并处理它,这样你就能治愈旧伤,打破负面影响的重复循环。

阴影工作的预期成效

阴影工作可能很有挑战性,但这趟旅程也将收获颇丰。你会一步步发现并觉察自己曾隐藏起来的部分。随着时间的推移,你将学会接纳这些部分,更好地了解真正的自己。在这个过程中,你一定会发现深层情感痛苦的根源所在，得到深度疗愈，为自爱创造更大的空间。

当我们谈论自爱时，我们所指的是对自己的深切欣赏，这种欣赏来源于完全接纳自己，善待自己，支持自己的成长并获得幸福。自爱是采取切实的行动来滋养自己的身心与精神。

使用指南

首先，当你踏入这片未知领域时，要对自己温柔。阴影工作可能会激发刺激因素和强烈的情绪。重要的是，你要对过去和现在的自己充满同情。如果你在面对过去的回忆时遭遇困难，那就需要一个支持系统，比如向亲密的朋友、心理健康专家或心灵顾问求助。在这段旅程中，你不必孤身一人。

这本日记将引导你完成所有功课。第一章打基础，为你的旅程做好准备；第二章包含的各种练习会帮你识别自己的阴影，平和而有意识地审视它们，并开始写日记；第三章会更深入地引导你使用日记提示了解更多的阴影自我。

这里奉上几条建议，可以让你更充分地利用这本日记。

- 在尝试任何练习和日记提示之前，请先阅读第一章。在深入第三章的内容之前，请先完成第二章的练习。

- 遵从你的直觉。如果某项练习无法让你产生共鸣，那就跳过它。当你使用第三章的日记提示时，不想按顺序来也没关系。按照对你最好的方式来利用这本日记。

- 要在日程表上为阴影工作留出时间，也要允许自己在需要的时候偏离计划。倾听直觉的声音，顺从内在的指引。如果你感觉到过分不适，就停下来。休息一会儿再回来。这项功课没有截止日期，也没有成绩评定。请记住一点，你可以自由地做自己，允许事物以真实的面貌出现在你眼前。

- 每一节功课结束后，至少采用一种自我关怀的仪式让自己平静下来。这会帮你在完成阴影工作后得到应有的疗愈。我们无比坚信，对自己施以爱、仁慈和同情，是阴影工作之旅的重要组成部分。自我关怀的仪式则是其主要途径。

阴影工作并不容易，但你值得拥有它所带来的好处。感谢你承担起这项艰巨的任务。这是对我们、对这个社群、对整个世界的美好馈赠。我们向你致以理解、爱和感激。

导论

我们都是在人生低谷时接触到了阴影工作,也亲身体验了这一旅程带来的巨大改变。

拉莎:在我开始阴影工作的时候,我还是一名勉强能维持生计的医学院学生。每天早上醒来,我都感到疲惫和沮丧。我花了太多的时间去讨好他人,这让我感到无比痛苦。在阴影工作中,我逐渐治愈了过去感情对我造成的创伤,打破了自我设下的限制。我发现,自己对于帮助他人的热情,并不在医疗行业,而在于为他人赋能,让他们更好地了解自己。

瓦莱丽:我意识到,我很难控制自己的情绪,愤怒总是我的第一反应。在这时,我开始了阴影工作。我发现,自己把太多的悲伤都隐藏了起来,也总是感到不自在。阴影工作让我开始感到精力充沛,找回了真实的自我。聆听自己的想法变得更容易了,我也获得了之前从未有过的敏锐直觉。

根据自身的经验,我们已指导数百名客户完成了这一蜕变过程。如今,我们很高兴能为你提供支持,让你再度找回内在的光明,恢复活力,消除阻碍你前行的限制性信念。请记住,当治愈自己时,你也是在积极地治愈这个世界。

The Shadow work Journey

第1章

阴影之旅

自人类出现时起,阴影工作就已存在。精神分析学家卡尔·荣格在20世纪初将其推广开来。他写道:"如果不是扎根在地狱,任何树都无法长入天堂。"认识到我们的根扎得有多深,会给予我们必要的稳定性,去最大限度地取得成就,过上更好的生活,也就是真正见识"天堂"。本章将为你深入了解自己的根基打下基础。

阴影与自我

了解自己的阴影,会让我们获得对它的掌控感,赋予我们力量。我们将不再把精力放在压制阴影上,这不仅费力,而且有害。我们要将精力投入自我理解之中,并把这种知识运用在生活的各个领域。这一过程是有益的,对我们的自我解放必不可少。探索由此开启。

核心概念和思想

阴影自我,是由你潜意识中试图排斥的部分构成的。它就隐藏在这片被排斥的空间里。它是你潜意识里的"阴暗面",既不是好的,也不是坏的。在你下定决心、主动让它进入你的意识之前,阴影自我不会出现。

自我（ego）是你戴的面具，是你所以为的"身份认同"或人格。你凭借自我，在生活中取得成功或维持生存。你内心时常感觉到的拉锯战，是自我对阴影的挑战，也就是自我对自身受压抑方面的挑战。

童年时期的情感创伤会影响人的一生。在这些冲击力巨大的事件中，我们产生了对自己的看法。当一个孩子因为演讲结巴而被同学排挤时，他会产生并接受自己的声音不重要、不值得被倾听的想法。这种想法会影响他今后的生活，因为他会不断重申并相信这一点。阴影形成于反复重申的信念。成年后，这道阴影也会持续存在和出现，比如遭遇不公正却不为自己发声、不争取升职、不追求自己真正爱着的对象。如果我们能利用阴影工作治愈创伤，我们就能为自身创造一个新的、更有力量的信念，并因此改变生活。

人倾向于压抑自己的阴影，因为阴影会激发强烈的情绪反应。我们不愿认同内疚、羞耻、后悔的感受，而这些感受是我们阴影部分的内核。长期受到压抑的情绪会以其他形式出现。经年累月的压力可能表现为疾病、焦虑和其他慢性病。幸好，了解这些部分会释放负面情绪，让阴影自我不再反应过激，继而缓解不必要的压力。

阴影如何影响我们的生活？

在生活中，阴影表现为刺激因素、投射和模式。让我们一起来了解一下。

刺激因素是对过去创伤的回忆，会引发战斗或逃跑反应。刺激因素产生自深层的、未解决的创伤，这些创伤会表现为愤怒、恐惧、焦虑等情绪，或表达情绪的无能。它是一个信号，让我们意识到自己内心有需要解决的问题。当你总是因为同一个人或一段经历受到即时的刺激，就问问自己："此时此刻，我的内心有什么问题需要解决？"

世界是一面镜子。当你把来自你内心的东西误解为来自你外部的东西时，你就是在投射。投射就是把自己不喜欢的特质或情绪归咎于他人。

你是否注意到，同样的问题总是反复出现？每一份工作的上司都同样令人讨厌？感情总是以相同的方式结束？这就是模式。在抚平深层的伤痛、仔细思考某件事的教训之前，我们往往会在生活中重复上演相同的糟糕戏码。究其本质，是我们任凭阴影自我发号施令，自己不再主动决断。这种自我造成的现象被心理学家称作"强迫性重复"。

阴影的整合需要一步一个脚印，在每个时刻、每段经历、每次教训中慢慢实现。当你在对情况做出反应之前，深呼吸，停下来，花几秒钟的时间思考，你就在整合阴影。当我们看见阴影、接纳阴影的存在和它对我们的现实所产生的影响，生活就会变得更好。这就叫作整合。只有真正接受和拥抱我们自身的全部，整合才会发生。

以自爱和疗愈为目标的阴影工作

你的阴影希望被看见、听到和接纳。请允许你的阴影出现在光照下，得到疗愈。你的内在小孩渴望治愈童年的陈旧创伤，阴影就是内在小孩的愿望和需要，阴影工作能让你给予内在小孩爱和疗愈。把阴影、内在小孩和当下的自我联结起来，你就会感受到爱，感觉自己被完整地接纳。

当我们将他人（包括我们自己）置于黑暗中时，我们就无法"成为光"。也就是说，如果把自己的一部分隐藏在黑暗中，我们就不会是光明的。但是，通往自爱的旅途不总是关于"爱与光明"。当你以内心为指引，起伏波动是正常的。有些日子可能会比其他日子感觉更沉重，这完全合理。顺应这些日子里的波动，允许自己完全沉浸在这段旅程之中。

阴影工作会让你得到不可思议的疗愈，从疗愈中产生力量。在此之后，我们会感觉更好，有更充分的准备、更强大的力量，看见自己的成长。有时候，把阴影想象成肉体创伤而不是情感创伤会更容易一些。脚踝扭伤了就走不远。脚踝治好之后，你就可以奔跑了。

最重要的是，疗愈在每个人身上的表现是不同的。

没有固定的时间表，也没有硬性规定的期望值。尽管如此，疗愈，也就是真正地好起来，需要自我投入，需要花费时间，需要对自己完全坦诚。在这段时间里，你是自己内在的指南针，也是你成长和疗愈的唯一评判者。

阴影工作怎么做？

只要你内心做好了准备，或受到了感召，你随时都可以开始阴影工作。虽然它不要求任何工具或材料，但你可以采取一些行动，让这次旅程更加舒适。

有用的指导原则

把阴影工作当作一种自我关怀。创造条件，让它变得舒适且富有意义。在关爱他人之前，一定要先关爱自己。这样你才能以最好的状态面对外部世界。切记，这一功课主要为你服务，尽管它带来的美妙结果也会造福你所爱之人。

留出时间和空间

首先，建立让你感到轻松和自然的固定日程安排。在一天中留出时间，让你能不受干扰，专注于阴影工作。拿上一条舒适的毛毯，点上你最喜欢的蜡烛或熏香，再找一个舒服的位置。把这段时间留给自己，全情投入这趟疗愈之旅。我们建议的时长是每天一小时，但如果你只有十五分钟，那也没有问题，只要你能充分利用你拥有的时间，尽你所能即可。你只须满足自己设下的期望。请以温柔和爱意对待自己。

相信正念觉知的力量

当你开始深入探索自我，逐渐了解自己的阴影，你就进入了正念觉知的状态。你清楚地意识到你是谁，阴影又是在哪些方面支配着你的现实。伴随觉知而来的，是选择。你可以选择让阴影自我不受约束地留存在黑暗中，你也可以直接面对它，向它传递爱，让它进入你意识的光明地带。请允许阴影在你内部存在，但也要认识到，你并不是阴影。你是觉知，知晓阴影何时会出现在你的体验中。

时刻体恤自我

体恤自我和觉知同样重要。当你对自我抱有同情，就能在阴影之旅中走得更远。如果在审视自己"糟糕"或"丑陋"的阴影部分时，你为羞愧、指责、内疚所扰，请记住我们都有这些方面。你的阴影，只能由你评判。丢掉对自己的指责，以爱、宽容和理解作为替代。

让自己在勇敢与诚实中成长

阴影工作需要你对自己完全诚实，但这并不总是容易的。当你看见眼前的阴影功课时，可能会觉得难以应对。但请明白一点，对阴影功课的恐惧比实际去做它更加耗人心神。恐惧是一种消耗。

一旦开始阴影工作，你会找到适合自己的节奏，恐惧也会消散。你要诚实地把自己看作一个整体，审视它的所有方面。

你不是残破的，不需要修补。阴影工作能让你在生活的任何情境中，都拥有更多平静、自由和选择。这一自由的前提是坦诚，未来的收获会让暂时的困难显得微不足道。

当你的生活受到阴影的限制,你就无法活出真实的自我,无法完整地表达自我。你会不断地排斥自己。当你一次又一次受到刺激,向外投射你的情绪,重复负面的模式,你的生活就是局限和疲倦的。以绝对的诚实面对自己会产生短暂的不适,但这代价之于旅程中的进步和成功而言是值得的。终点是自由。

阴影工作步骤详解

每个人都有不同的阴影,都会踏上独一无二的自我接纳之旅。根据你关注点的不同,阴影工作所采用的练习和日记提示也是不同的。在本日记的协助下开展阴影工作的一般流程,如下所示。

让自己落地(grounding)和定心(centering)
落地让你完全感知自己的身体,与大地的安全感和你自身产生联系。在做阴影工作之前,落地会让你感觉专注、平衡，拥有更好的精神状态。当你处于落地和定心的状态中时，你能更好地对周遭世界做出回应，而不是被动地产生反应。落地和定心有多种方式，例如冥想、接触大自然和瑜伽，让你与自我建立更紧密的关系。

利用练习和提示语写日记

请阅读说明和提示语，花点时间去思考和理解。你可以选择按照现有的顺序阅读提示语，或者选择跳过，寻找在当下时刻最吸引你的提示语。

回答问题没有正确与错误之分。你所想到的，都是当下必然涌现出来的。如果你觉得卡住了，可以试着写下与答案相关的词语，甚至乱涂乱画一会儿。如果你写不出句子，就列一个词语清单。你可以事无巨细，也可以保持笼统，只要你觉得舒服即可。你不必把你写下的内容理论化，也不用给它贴标签。

在阴影工作中，你不必刻意回想起之前的记忆或创伤。但是这些记忆和创伤，可能会在你阅读提示语的时候浮现出来。如果浮现出的回忆让你难以承受，就停下来,深呼吸,再一次让自己落地和定心。你此时此刻在这里。如果你觉得不知所措或灰心丧气,就要给自己留出空间,去感受和处理这些情绪。向值得信赖的朋友、家人或心理治疗师寻求帮助。

要允许自己去感受和释放从中产生的任何情绪,这很重要。你是一个人,而感受是我们日常生活的重要组成部分。但是,如果你感觉过于沉重,无法继续完成某个提示语下的功课,那就合上书本,转身走开。毕竟,这是你的旅程。在必要的时候,保持与自我的边界感;在有能力的时候,勤勉地对待功课。

处理与整合

要与自己交流,关注正在发生的事情,以便处理和整合出现的问题。在疗愈之前,你必须先有所感知。情绪无法忽视和躲避,而是要直接面对,完全消化。当你完整经历过一种情绪,就能经由它获得成长。

记住,情绪没有好坏之分。所有情绪都是合理的,学会以健康的方式处理情绪需要时间。给自己留出空间和时间,去处理情绪、学习如何理解情绪。经过数年对某些情绪的压抑,你甚至可能很难再感受到任何情绪了。

情绪是信号,是告诉我们该采取哪些行动的重要信息来源。把情绪当作内在智慧,它会在旅途中指引你。当情绪浮现时,保持对自己的好奇心。记住,在这里没有任何指责。这是你寻求内在平静和自由的旅程。关注自己的情绪反应,因为它很能说明问题。阴影工作是一个持续终生的过程。只要我们活着,阴影就会产生。但当我们掌握了有关阴影的知识后,就能在生活中对其进行处理和整合。

在自我体恤中收尾

体恤自我对阴影工作至关重要。尽管阴影工作自始至终都应该伴随着爱与宽容,但在一天的功课结束后,如果主动抽出一段时间用以体恤自我,你就会感到平静、完满,对于发生的一切产生更加清晰的认识。即便抱有爱与宽容之心,在结束一段功课后,你也可能会感觉到愤怒、失望、难过。这是完全有可能的。我们也曾有相同的经历。花一些时间让自己再度平静下来,做几次深呼吸，在必要的时候让自己落地，处理你需要去面对的情绪。无论你感觉如何，都要保持对自己的同情心。

辅助性自我关怀仪式

将自我关怀仪式作为辅助，能帮助你持续参与到阴影工作中，促使你更进一步地关爱自己的意义感，包括阴影在内。自我关怀意味着关照你的身心和精神，因为你值得拥有这一切。

在以下任何一种仪式中，你都能回归自我，再度与自己的心灵沟通，重温自己踏上这趟旅途的原因。我们强烈建议你采用以下任意一种自我关怀仪式，以减轻发现自身的隐秘真相时产生的痛苦，或者就把它当作结束阴影工作时的例行步骤。

冥想，落地和定心。冥想能帮助你处理和释放强烈情绪产生的能量，让你觉察刺激因素的根源在哪里。

到户外去，接触大自然。让太阳光照耀在你的脸上。倾听你周围世界发出的声音。闻一闻泥土的气息。看一看植物或动物。

光脚站立或躺在地面上，让你的能量接触大地。这会恢复你的身体和自然能量之间的联系，从根本上重置你的系统。

与动物伙伴相伴。如果你有宠物的话，和宠物互动能缓解焦虑和压力，让你轻松起来。

享受屏幕之外的生活。手机在很多方面都大有用途，却会大量消耗你的能量。在阴影工作后，不要马上拿起手机。设置固定的时间表，把手机收起来，纯粹地享受生活。

沉浸在音乐里。播放你最喜欢的歌单，跳跳舞，唱唱歌。唱歌是让你感知自己声音的绝佳方式。

享受美食。食物会带来安慰、温暖和爱。用食物向自己传递善意。享用你喜爱的美食，慢慢地品尝，并对滋养你身体的食物表达感激。

玩耍，尽情快乐。 做些让你开怀大笑、给你带来快乐的事情。重温孩童时代的感受，全身心地沉浸在欢笑打闹里。

保持健康的边界感。 有时候，阴影工作会告诉你，你需要更强的边界感。在这种情况下，请你下定决心去树立一道或者多道边界。想象你树立边界时的样子，或者练习你树立边界时将要说的话。

随意活动身体，只要你感觉良好。 举重、跑步、摇摆身体、跟着喜欢的音乐跳舞。你的身体是一台奇妙的机器，需要运动去释放滞留的能量。加快你的心跳节奏和血液循环吧。

在白天小睡一会儿，或者晚上早点睡觉。 睡眠对稳定的情绪和快乐十分重要。我们往往低估睡眠的地位，因为其他事物似乎更加要紧。但是，你需要睡觉才能补充精力。请允许自己早点休息，或打个小盹儿。

在每周日程上安排"专属于我"的时间。留出时间，把自己放在首位，计划一些你真正喜欢做的事情，全情投入其中。

练一会儿瑜伽。瑜伽是一种很好的锻炼方式，它能让你记住：你的竞争对手只有你自己。瑜伽有助于落地和定心，让你恢复对自己身心的感知。

在写日记时，不要时刻自我批评。无论你写什么都没关系。让语词在纸上自然流淌。茱莉亚·卡梅隆想出了一种名叫"晨间书写"的自由写作实践，鼓励你每天早上一醒来就去写作，让你脑中的文字自然涌现。在阴影工作结束后，你也可以这样做。

保持感恩之心。关注和欣赏美好的事物。表达对自己的感谢。列出五到十个让你心怀感激的事物。

整理。无论是整理邮件还是收拾美妆用品，让事物从杂乱无章变得井然有序，都能让你感到内心的平静和放松。

清洁和净化你所处的空间。我们是能量体，和其他能量物质产生交互。在我们进行阴影工作时，会无比清晰地认识到这一点。以任何你觉得舒服的方式净化你所处的空间，让空间宁静而和谐。

洗一个放松的热水澡。坐在温暖的浴缸里，你会感到无比踏实和舒适。点一支蜡烛，让浴缸充满泡沫，撒上几片玫瑰花瓣，或加入任何能够滋养你的东西。

学习新事物。读几页让你感兴趣的书，研究一个让你好奇的问题，或者听一个有意思的播客节目。

补充水分。保持水分充足会让你的身体良好运转。在一天中及时补充水分，能让你在做事时更顺利。完成阴影工作后，补充水分是让你感觉神清气爽的绝佳方式。

观看喜爱的电影。播放一部让你开怀大笑或怀念童年的电影。准备一份健康的小零食，放松一下。

换上漂亮衣服。无论打扮对你意味着什么，尽情去打扮吧。每当外表光鲜亮丽的时候，我们的内在能量都会发生改变。

和他人在一起。找一个爱你、赞美你而不只是容忍你的人，让你和想要拥有的能量相伴。

做肯定的表述。每天表达肯定的话语，会逐渐重塑你的潜意识，转变你的思维方式。在阴影工作结束后，在一天的任何时候，记得说几句正面的话。

Exercises and Activities

第 2 章

练习活动

本章的练习活动会帮你认识、处置和整合自己的阴影。你可以从最容易接受的练习活动开始,可以跳过无法让你产生共鸣的练习,也可以重复做你觉得特别有用的练习。

镜子练习

镜子练习是一种非常有效的训练。你要凝视镜子里的自己,毫不躲避地直面自己的阴影。限制性信念、恐惧和疑虑会浮现出来,你的部分阴影也会显现并打压你。在练习中和练习后,记得要体贴待己。

第一步:在靠近镜子的地方,以舒适的姿势坐下或站立。

第二步:注视自己的眼睛两到三分钟,同时在心中或者大声重复表达自我关怀的肯定性话语。励志作家露易丝·海鼓励我们在做镜子练习时说"我爱你"。如果这太难的话,可以试着说"愿我未来有一天能爱我自己"。你可以说对自己最有作用的肯定性表述。

第三步:在你重复这句话的时候,注意你心中出现了哪些念头和情绪。允许自己去感受当下涌现出的一切,并与之同在。

日记提示语：出现了哪些念头，哪些情绪？你现在感受如何？在镜子练习中，你对自己产生了哪些了解？

_____

_____

_____

_____

_____

_____

_____

_____

_____

_____

_____

_____

挑战限制性信念

你的限制性信念就是你的阴影。挑战限制性信念能有效锻炼头脑,让你选择一条不同的路。坚持做这项练习,会让你的大脑建立新的神经通路,从整体上促进你的健康和成长,显著转变你的思维方式。

第一步:在纸上画出三栏,分别命名为"限制性信念""它影响我的方式"和"挑战性想法"。

第二步:在第一栏里,列出你的限制性信念。例如:"没有人爱我"和"我什么都做不好"。

第三步:在第二栏里,写下每一个信念对你产生影响的方式。比如:"因为我觉得自己不可爱,所以很难和人沟通""因为我觉得会失败,所以不尝试任何新鲜事物"。

第四步:在第三栏里,挑战上述信念。方式之一是写下限制性信念的相反表达,例如:"我很可爱,当我以真实自我示人时，我会吸引爱我的人""我很擅长某些事情，我可以去尝试新事物，不必担心自己做得好不好"。

> **日记提示语**：当你想到某一个限制性信念时，你身体的哪个部位会产生反应？为什么在那个部位会出现如此感觉？这个限制性信念和什么情绪相关？它如何引发这些情绪？

_____

_____

_____

_____

_____

_____

_____

_____

给年少的自己写信

年轻的时候,我们总是会感到恐惧,需要被人看见、得到倾听、受到认可、获得爱和滋养。你可以用写信的方式和内在小孩沟通,治愈伤痛。

第一步:回想小时候的自己。找到你需要建议和帮助的某个时期。

第二步:在信的开头,写下"致年少的我",或者写下生命中某个具体的年龄段,比如"致七岁时的我"。

第三步:以绝对诚实、诚恳的态度,在信中向年少的自己提出你当时需要听到的建议,和年少的自己分享一切可能对他(她)有用的想法。

第四步:描述如果在你人生的重要时刻能听到这些建议,你将会发生怎样的转变。

第五步:对年少的自己表达同情,用充满爱的话语作为信的结尾。

> **日记提示语**：在哪些方面，你会允许内在小孩作为你生命里被爱和滋养的部分，自由地表达自己？你会把内在小孩封闭在阴影里吗？如果是这样，当内在小孩可以完整表达自我的时候，会发生什么？

梦境练习

梦境练习，就是把你做的梦写在纸上，探索其中的意义。它可以帮助你探索你隐藏起来的阴影部分。当你反复做这个练习，你就会发现，记住梦的内容、挖掘其中深意变得越来越容易。

第一步：在床边放一个日记本，下定决心记录梦境。

第二步：醒来后，写下你记得的内容。

第三步：在日记中，探讨下面的问题。

- 哪些人、地方或事件会反复出现在你的梦里？它们唤起了怎样的情绪？它们可能象征着什么？

- 你的梦是否是你生活中某个问题或状况的隐喻性解答？（你可以参阅解梦相关的网站和书籍）

- 你梦里的人物代表着什么？他们身上有哪些特点对你而言格外重要？

> 日记提示语：描述一个让你不安的梦，或一个噩梦。如果这个梦里的不适和恐惧是真实存在的，你会采取哪些行动去面对和克服它？

填空练习

这项练习会帮你探索隐藏起来的面向,让你更接近真实的自我。

第一步:在下面空白处写下你脑海里浮现的第一个想法、词语、情绪或画面。答案没有对错之分。

当我觉得低落或挫败的时候,我会向_____求援。如果这个方法不再可行,我会感到_____。这套行为模式已经存在_____年了。小时候,我看见我的养育者在他们情绪低落或感到挫败的时候会_____。_____让我感到平静。我厌倦了_____和_____的感觉。相反,我想要尝试_____,让自己好起来。在成长的过程中,我被要求_____。多年后,这一要求让我觉得_____。这以_____的方式影响了我的生

活。我害怕_____。我知道自己值得_____和_____
_____。我应该得到_____。

第二步：写完后，重读整个段落，注意自己产生了哪些情绪。

> **日记提示语**：你从养育者、家人、朋友和社会那里，学到了哪些对你的生活不再有益的行为模式？你以哪些方式，正在重复着这些负向循环？

_____
_____
_____
_____
_____
_____
_____

反思式写作

这项练习让你能静下心来，反思生活中的某些方面，让看不见的情绪浮出水面，供你审视。在这一刻停下来，厘清思绪的脉络，为其创造新的解读方式。如此一来，你就能调整自己的能量，采取行动，迈向未来。

第一步：问自己以下任何一个问题。依照顺序，在日记中写下你对每个问题的回应。

- 我此刻有什么感觉？

- 我还能感觉到其他的哪些东西？

- 生活中是什么让我产生这种感觉？

- 这些感觉正在对我的生活产生何种影响？

- 我愿意保留这样的感觉吗？如果不是，我能做什么来转化和克服它？

- 下一次再有相同的感觉时,我能做什么来改善我的精神状态?

> 日记提示语:描述感到沮丧、困惑、迷茫的时候,你将如何自处。你会保持宽容,还是对自己施以惩罚?你会用什么方式自由地表达自我?

创造性练习

孩子是天生的创造者。但是，作为成年人，我们中的大多数人却抛弃了这种创造的天性，只做能产生外在价值的事情。在这项练习中，你可以只为自己而创造。让你的内在小孩充分地表达自我。这里既没有规则，也没有限制。你甚至可以搞得一团糟。如果这项练习让你觉得治愈，请你将它纳入日程，定期进行。

第一步：留出至少三十分钟的时间进行创作。

第二步：想一想你喜欢用哪种方式创作，在童年时期什么能让你感到快乐。

第三步：选择一种创造性媒介，例如黏土、颜料、记号笔或铅笔，准备好你所需的材料。

第四步：现在，你只需创造任何你想到的东西。

日记提示语：当你还是个孩童时，你长大后最想做什么？这个梦想让你产生了什么样的感觉？为什么这个梦想会让你快乐？想一想你在生活中如何创造快乐。如果你没有时间这样做，是什么在阻碍着你？

冥想

冥想是阴影工作的补充，它会在外部和内心的动荡中，让你拥有内在的稳定。虽然冥想本身没有目标，但它能帮助你对外在世界做出回应，而不是被动地接受刺激。我们冥想的目的不是变得熟练，而是更好地生活。冥想可以像呼吸一样简单，本练习也会涉及短语或曼陀罗的使用，促进注意力的集中。

第一步：找一个安静的地方，坐在椅子上或地板上。坐的时候，保持背部挺直，头抬高，就像你正顶着皇冠寻找平衡一般。最好坐在坚实的平面上，例如床或者沙发上，让自己更容易入睡。

第二步：选一个让你有共鸣、感到平静的短语或曼陀罗。"so hum"是一个很好的选择，意思是"我在"。它提醒我们，阴影不是全部的我们。

第三步：定一个十到二十分钟的闹钟，然后闭眼。"Insight Timer"是一个很好用的软件。

第四步：正常呼吸，在心中反复默念你选择的短语或想象曼陀罗。当想法出现的时候，关注这些想法，但不要做出反应。把注意力一次又一次地拉回到你所选的短语或曼陀罗上，直到闹钟响起。

> **日记提示语**：你选了哪一个短语或曼陀罗？它为什么能让你平静？在冥想过程中，哪些想法或情绪涌现了出来？你目前面对的阴影是什么？

给未来的自己写信

无论你将来会取得什么样的成绩和成就,在给未来的自己写信时,你都能表达对自己的爱意、感激和接纳。利用这个机会,在现在和未来爱自己。

第一步:在信的开头,写下"致未来的我",或者具体到生命中一个特定的年龄或时期。

第二步:描述当前正在发生的事情。你因何事而心存感激?你因何事而感到不安和忧虑?保持诚实,不做评判。

第三步:描述你目前和未来的目标。不要固执于某一条道路,而是要对未来自己所取得的成就表示感谢。你今天选择的行动,是未来无限可能的基础。

第四步:描述你眼中未来的自己。你们在哪些方面有所不同?你最自豪的成就是什么?关注其间产生的自我怀疑、不配得感、恐惧、焦虑或悲观情绪。持续对未来的自己表达爱意和感激。

第五步：大声朗读你的信。未来的自己读了之后会有什么感觉？

第六步：把信放在稳妥的地方。设置一个提醒，一年或更久之后再来读它。

> **日记提示语**：在写信和读信的过程中，你遇到了哪些阻碍或困惑？你可以采取哪些行动，让自己更有自信和力量？

_____

_____

_____

_____

与阴影对话

你的声音是与外在世界相联系的渠道。当你允许自己畅所欲言时,你就获得了不受拘束进行表达的自由。你是否说过、做过一些不符合自己性格的事情?那就是你的阴影。这项练习会让你和自己的阴影对话,通过沟通增进对阴影的理解。

第一步:保持开放的心态,想出一些你想要向阴影探询的问题。比如,找出与你性格不相符的反应方式。你人格中的哪些方面让你觉得难以保持?你可以向阴影询问任何你好奇的问题。

第二步:等待阴影的回答。在问出问题后,你产生了什么想法?

第三步:在得到清晰的答案之前,让你和阴影的对话继续下去。

第四步:把答案记录在日记里或录下来。当你的这些方面进入自己的意识后,你就可以与之友好相处并融为一体,而不是与之为敌。觉察即是关键。

> **日记提示语:** 你隐藏了自己人格中的哪个部分?你是以真实的自我示人,还是在特定人群或环境中戴着面具?你为什么这样做?

镜中击掌

在人生的低谷，梅尔·罗宾斯提出了"High 5 习惯"，也就是花一点时间去欣赏自己，不要毫不犹豫地指出自己有什么问题、想要哪些改变（如皱纹太多、不够苗条、脸上瑕疵太多）。当你和自己击掌，以鼓励自己的方式开启一天，你就能暂时屏蔽掉指责的声音，让自己有余裕把思绪引向别处。这听起来可能傻里傻气的，但请你至少尝试两周，看一看效果。

第一步：早上醒来的时候，注视镜中的自己。

第二步：带着愉悦的表情，和自己击掌。

另一个版本

第一步：把你孩童时期的照片贴在镜子上。

第二步：早上醒来的时候，注视着这张照片，说出一句赞美，表达爱意，抛一个飞吻，或者和照片击掌。

第三步：如果你发现自己在想一些消极的事情，请看着照片，然后问："我会对这个孩子说这样的话吗？"接着做出一个友好的手势，比如击掌。

> 日记提示语：列出你喜欢自己身体上的哪三个地方，并描述原因。你如何更好地爱惜自己的身体？

_____

_____

_____

_____

_____

_____

_____

_____

查明刺激因素

当我们确定,让我们受到刺激的是谁、是什么后,在沉重的情绪涌上心头时,我们就能更轻易地掌控自己的反应方式。在克服刺激因素后,你的阴影也就丧失了威力。

第一步:选择一个刺激因素去进一步探索,并回答下列问题。与此同时,以宽容和关怀之心对待自己。

- 是谁/是什么对你产生了刺激?

- 当你感觉受到了刺激,你会有什么反应?会自我封闭吗?会尖叫吗?请具体些。

- 这一刺激因素困扰你多久了?你第一次受它刺激是什么时候?

- 你是否注意到这一刺激因素所伴随的行为模式,无论是在自己过去的经历中,还是在你对其他家庭成员反应方式的观察中?

- 当这一刺激因素出现时,有什么管理情绪的更好方法?

- 你如何才能克服应激的感受?

- 如果这一刺激因素对你没有影响,你会产生何种不同的反应?

第二步:在结束本练习之前,让你的能量落地。去户外散步或者跑步,光着脚在草地上行走,做一次冥想,让你回到此时此刻。

日记提示语:你是否对某个人或事件心怀不满或怨恨?如果是,请描述一下。如果这种怨恨消失,你会有什么感觉?

批评他人

允许自己在安全的环境中,大胆说出你对他人的评价和意见。这样做会帮助你完全接受这些想法,不再担忧是否应该有所保留。说出你的批评意见,你就能更清楚地认识到,你在评价他人和自己时更注重哪些方面。

第一步:留出五到十分钟的独处时间,找一个没人听得到你的地方。

第二步:在这段时间里,大声说出你的意见。整个过程你要无所顾忌。

第三步:回忆不同的人,不同群体、不同类型的人。探明你对这个人、这个群体或类型的想法。你会产生哪些情绪?你对其有哪些意见?

第四步:现在反过来,问问自己,这些意见或评价是否反映出了你对自己的看法。

日记提示语：你对他人的评价如何反映你对自己的看法？你会不会批评自己的身体、情绪、行为和举动？如果是，为什么？

务虚

每天抽出些时间"做个无用的人"。你不必时刻都保持高效。给自己一些空间和时间,放松下来,不指责自己,而是为自己着想,人道地对待自己。

第一步:刻意留出一段无所事事的时间。可以是一整天、一个周末,或几个小时。

第二步:在这段时间里,让自己完全沉浸在务虚里。

第三步:允许自己休息、发呆、放松。做什么完全由你决定,只要和工作无关,也不为"生产力"服务。请记住,你的目标是务虚。

第四步:如果你因为没有务实而指责自己,就要去质疑内心的批评者。是什么让你觉得不可以无所事事?

> **日记提示语**：描述在他人无所事事的时候，或者你认为他们所做之事没有任何意义的时候，你有什么感受。你会以哪些方式恢复精力，让自己有时间休养生息？

_____
_____
_____
_____
_____
_____
_____
_____
_____
_____
_____
_____

自画像

发挥创造力的时候到了。请你画一幅自画像。找一些纸和画材,或者在平板电脑上打开你最喜欢的绘画应用程序。你也可以使用颜料,或利用从杂志上剪下来的拼贴素材。请你用任何喜欢的方式去创作。

第一步:画出你的模样、你的感受,画出你照镜子时看到的自己。

第二步:为了更具体些,你可以问自己这些问题:这个人穿着什么衣服?有哪些行为举止?说话方式是什么样的?思维方式是什么样的?

第三步:打量你的作品,寻找任何遗漏的方面,按照你的意愿把这些添加到画上。

第四步:如果你觉得这幅自画像已经完成了,对它进行评估。它透露了关于你的哪些信息?

日记提示语：你的哪些方面得到了完全的承认和表达？你又隐藏了哪些方面？自画像如何展现上述方面？

高质量的自我陪伴

独处不仅是一种绝佳的自我关怀方式,还能帮助你勇敢面对让你感觉孤独、被抛弃、脆弱、不自信、不被爱等情绪的刺激因素。有意识地和自己独处,远离他人、外在噪声或交谈的干扰,你就能看清真正的自己。利用这段时间关注自己,照顾自己的需要。

第一步:留出时间,高质量地陪伴自己。你可以把它加入日程安排,挑一个周末的晚上,或者在你觉得合适的时候随时进行。

第二步:制订专属于你的计划。选择你喜欢做的事情,比如烘焙、烹饪、打理花园、泡澡、漫步于大自然。你拥有无限多的选择。

第三步:在你独处时,有意识地让自己情绪高涨起来。如果你想放声大笑,就尽情地大笑吧。如果你想好好地哭一场,就尽情发泄出来吧。在这里你不必自我指责、自我憎恶,而是要觉察独处给你带来的真实感受。

日记提示语：你在哪些方面最不考虑自己的感受？你在哪些方面会勇敢追求自己的目标、愿望和渴求？你期望他人如何对待你？你又如何对待自己？

保持身体强健

在你的疗愈之旅中，关键在于确立边界、保持平静和感觉自信。如果你在这些方面都遇到了困难，去做让你感觉更强壮、更有力量的肢体运动，这样你就能直面让你失能的阴影。这一保护身体的意识也会影响生活的其他方面。如果你还遭遇了其他阻碍，请向保健专家咨询。

第一步：确定你想尝试哪一种肢体运动，比如拳击、踢腿、卧推或举重。任何需要你展现出力量的运动都可以。

第二步：在视频网站或其他网站寻找视频，学习正确的运动方式。

第三步：练习动作时，尽全力感受自己的身体，想象你在世界中存在着，正有力地捍卫自己的边界和自身。

第四步：在运动过程中，留意产生的敌意、怨恨、愤怒、犹豫或忧虑。注意这些情绪是否影响了你投入运动的专注性。

> **日记提示语：**在哪些领域，和哪些人相处时，你觉得难以保持边界感？描述你觉得自在、充满力量和安全时的感受。

Prompts for Deep Exploration

第 3 章

深入探索导引

本章的日记提示语有助于你对阴影的探索,让你更深入地理解自我,爱上自己。按照你愿意的顺序去探究每一条日记提示语的内容。方法无关对错。在每一次特定的阴影工作中,让直觉指引你寻找要去解决的问题。为了尽可能地善用这些提示语,请你对自己保持绝对的诚实。

阴影工作目标：从阴影工作中，你最想获得什么结果？你的生活将因此发生哪些转变？

寻求帮助:描述在向他人寻求帮助时你的感受。哪些方面是容易的,哪些方面是困难的?

> **请求支持**：你会向哪种类型的人寻求支持？如果没有人理解你的困境，你是否会寻求专业人士的帮助？

社会性支持：根据你所感受到的爱与支持，给你的社交圈打分。在这些关系中，你是否得到了充分的帮助？还是说，这些关系其实十分脆弱？基于此，你能做出怎样的改变？

_____
_____
_____
_____
_____
_____
_____
_____
_____
_____
_____

真实自我:当你以真实的自我面对他人,你的感受如何?在你最亲近的人面前,你会展示或隐藏自己的哪些方面?

喜欢还是讨厌: 在哪种类型的人面前,你可以真正做自己?他们有你喜欢或者讨厌的方面吗?描述他们是如何让你保持真我的,即使你并不喜欢这种真实。

伪装：在谁面前，你只有伪装才会觉得合群？你的伪装掩饰了什么？描述你为什么对这部分的自己感到羞愧。

自我接纳：你是否接纳全部的自己？如果不是，你无法接受自己的哪些部分？

内在声音：你的内在声音是善意的，还是挑剔的？它平时会对你说些什么？你的内在声音更像是生活中谁的声音（父母、老师、伴侣等）？

背叛：在什么时候你感觉自己受到了最深切的背叛？当时的你多大？描述当时的情形和对你的影响。

违背承诺: 你对自己许下但最终违背的最大的承诺是什么?你为什么没有兑现承诺?你对此感受如何?如果你信守承诺,现状会有哪些不同?

归咎：描述你把负面结果归咎于他人的情形。在当时的情况中，你在哪些方面可能负有责任？

谴责受害者： 你是否因为自己经历的创伤而感到自责？如果是，为什么？别人是否因此而责怪过你？他们的理由是什么？

赞美身体：你的身体让你感觉自在吗？列出你最骄傲的十个身体特征。如果你想改变身上的某个部分，它是什么？你为什么想改变它？

> **边界感**：为了自己的福祉，你应该确立什么样的新边界？你将如何维持与自己、与他人的边界？

挑战：在现在的生活中，你面临的最大挑战是什么？你从中得到了什么样的教训？你将如何从中获得成长？

勇敢：描述一个你认为勇敢的人。这个人为什么是勇敢的？你如何运用自己的勇敢去帮助和启迪他人？

节日回忆：你童年时期印象最深刻的节日回忆是什么？你认为这段回忆是积极的，还是消极的？为什么？

> **需求**：孩童时期，你有什么需求没有得到满足？你为什么会产生这样的需求？你为什么没有得到满足？

比较：通常情况下，你觉得自己不如他人，和他人差不多，还是比他人更好？描述你为什么会有这种感觉，对这个问题进行深入探讨。

价值观：生活中什么对你最重要？你热切追求的道德品质是什么？描述你的生活是否符合上述价值观。你周围的人是否拥有相同的价值观？为什么？

养育者的价值观： 你的父母或养育者在你成长的过程中更看重什么？你现在是否抱有相同的价值观？为什么会这样？

感恩：你因为什么而心怀感恩？回想过去的几天，描述五到十件让你开心或满意的事情，事情无论大小。

情绪：你最常回避哪种情绪，为什么？你最常感受到哪种情绪，为什么？

失败与成功: 失败对你来说意味着什么?成功又意味着什么?你上一次感到挫败是什么时候?上一次成功又是什么时候?

面对失败：回想某件你最终失败并感到羞愧的事情。让情况变坏的因素有哪些？如果你看见他人在同样的事上遭受失败，你会说什么来安慰他们？

恐惧：在生活中，你在哪些方面会自我设限或心怀恐惧？你为什么会允许自己受到局限？你如何才能改变这种情况？

宽恕：在不联系的前提下，想一想过去有谁是你可以原谅的。记住，原谅并不意味着你认可这个人做过或者没能做的事情。为了让自己不再怨恨，你会对那个人说什么？

自我贬低：你对自己说过最糟糕的话是什么？你如何对此做出弥补？在生活中你能以哪些行为关爱自己？

自我宽恕：在哪一件事上你需要原谅自己？你为什么一直对此耿耿于怀？如果你克服了这种羞愧或内疚，你会有什么样的感受？

遗传特征：在你的家族中，你注意到了哪些讨厌的特点？又有哪些优秀的特点？描述你对这些特点的感受。你身上是否也有这些特点呢？

不公：面对不公或冲突，你是否会发声？为什么？如果不这么做，你会有什么感受？

处理伤害：你是如何处理负面事件和痛苦经历的？对此你做了哪些事情？以后在处理伤害的时候，你会有哪些不同的举动？

未解之谜：小时候，你有什么问题一直没有得到解答？你现在是否还想知道答案？如果你之前得到了答案，会发生什么事情？它是否会让你觉得如释重负？为什么？

孤独：描述你最孤独和与他人联系最紧密的时刻。这两种情况有哪些共同点，有哪些差异？

爱：你对爱的定义是什么？你是否会向自己展现这种爱？如果不，描述你眼里的自爱是什么样的。

> **自爱**：在生活的哪些方面，你拒绝爱自己？为什么会这样？爱自己的人会怎么做？

心理健康： 当你发现自己心理出现问题，你最先注意到的是什么？在这种时候，你如何帮助自己？

错误认识：他人对你有哪些误解？你对此有何感受？你认为他们为什么会以这种方式看待你？

> 误解：对于某些人对待你的态度，你可能有哪些误解？有其他的原因可以解释他们的行为吗？

自我价值:描述社会地位和收入对你自我价值感的影响。除财务状况之外,还有什么让你感觉自己有价值?你如何放大这种积极的感受?

金钱：家庭成员与金钱的关系，对你的金钱观有何影响？你对挣钱、花钱、存钱有什么看法？你的观点是匮乏还是富裕？如果是匮乏，你如何做出改变？

特别礼物：上一次你仅仅因为自己想要就购买的东西是什么？这次购物给你带来了什么样的感受？如果你可以购买任何想要的东西，你会买什么？

财务保密：人们应该公开自己的收入吗？为什么？你的父母或养育者是否对你或他人隐瞒了自己的收入？这对你财务公开的态度产生了何种影响？

金钱羞耻：你是否认为，承认自己想要或需要更多的钱是一种耻辱？如果是，请描述没有足够的钱这个念头为什么会让你觉得羞耻。

金钱炫耀：写下一次你想要向他人"展示"自己有钱（或者钱不够用、正在苦苦挣扎）的经历。你是想要直接显摆，还是隐晦暗示？你为什么感到你必须这样做？

负面想法：你向自己的潜意识输送了哪些负面想法？这些想法是从哪里产生的？想出一些正面的想法作为替代。

_____
_____
_____
_____
_____
_____
_____
_____
_____
_____
_____
_____
_____

情绪痛苦：当你允许自己去体验痛苦的情绪时，你有何感受？描述你在处理自己情绪和经历时遭遇的困难。

讨好他人：你会讨好他人吗？在哪些方面，你更愿意帮助他人，却不愿意关照自己？你为什么会这样做？

自我关怀：描述你是如何关怀自己的。当你这样做时，你在之前、之中、之后都有何感受？

积极感受:详细记录在过去的一年中,哪些人、经历和事物让你产生了积极的感受、能量和情绪。

遗憾：想象你的生命即将结束，你最大的遗憾是什么？想一想你可以做出哪些改变，以避免这些遗憾的发生。

关系的边界：在人际关系中，你有恰当的边界感吗？有哪些关系需要更强的边界感？描述你是如何尊重或忽视你与他人之间的边界的。

不友好的举动：你上一次刻薄或伤害别人是什么时候？你为什么要这样做？你是否做出了任何改变？今天你能做些什么，让他人面露笑容？

解除关系：在你的生活中，哪些关系对你不再有益了？如果你解除这些关系，会发生什么？

放下:有哪些想法、信念、行为、状况、物件对你而言不再有意义了?你愿意放手吗?为什么?

重新养育：现在的你可以通过哪些方式重新养育自己？也就是说，你如何才能满足内在小孩的需求，即成长过程中你从未得到满足的需求？如果年轻时的你得到了这样的关照，他（她）会作何感想？

恢复精力：你需要做些什么才能恢复自己的精力？辛苦工作一整天后，你如何找回状态？如果是身体受伤后呢？如果是和他人争吵之后呢？

> **责任**：在疗愈和成长的旅程中，你在哪些方面是成熟而富有责任心的？

脆弱：你允许自己在人际关系中展露出脆弱的一面吗？为什么？在恋爱关系中，你是否脆弱？在友谊中呢？

> **把自己放在首位**：你在哪些方面优先考虑自己？为什么？把自己放在首位有哪些具体表现？如果你优先考虑自己，会发生什么？

自我提升：在哪些方面，你希望能有所改进？为什么？是否有人曾向你建议，你应该在某个方面有所改进？如果是，你对此有何感受？

善待自己：你曾以何种方式惩罚自己？想出更友善地对待自己的方法。

不值得被爱：你是否觉得自己不值得被他人和自己所爱？你可以采取哪些措施，让自己拥有更健康的自我价值感？如果你消除了不配得感，生活会发生哪些改变？

性：你是否接受自己身上有关性的部分？你会不会因为自己的性取向或欲望感到尴尬？请说出为什么。

羞耻：一生中，在哪个时刻你感觉最为羞耻？是什么引发了羞耻感？

不受欢迎的特质：你认为一个人身上最糟糕的特质是什么？你能否想到自己曾在某个时候表现出了这些特质？

有害的行为：在什么样的情况下，你会格外消极或表现出过度的操纵欲？你会在哪些地方挑起事端？描述你上一次在亲密关系中做出的有害行为，以及你对结果的感想。

_____
_____
_____
_____
_____
_____
_____
_____
_____
_____
_____
_____

刺激性表述：别人对你说的哪句话，会让你瞬间爆发，以消极的方式做出反应？为什么这句话会对你产生如此影响？

刺激性特质：能对你产生刺激的人、情境或事物，有哪些共同特质？你身上是否也有这些特质？请记住，我们只会因为自己的阴影而感到痛苦。

弱点：什么会让你觉得软弱？是寻求帮助，无法达成目标，还是其他原因？找出造成这种软弱最根本的原因。

关于你的教导： 在成长过程中，是谁教会了你，让你知道你是什么样的人？你如今对自己的看法还与此相符吗？

配得感：是什么让你一次又一次地觉得自己"不够好"或比不上别人？你认为其中的原因是什么？

负面事件：过去的负面事件会以何种形式影响你现在的人际关系？你可以采取哪些措施消除这种影响，以更积极的态度对待人际关系？

未来的你:你正在为未来的自己创造着什么?你想要赚多少钱?你最亲密的关系是什么样的?你将会生活在怎样的环境里?你周围人的支持让你产生了怎样的感受?

影子日记：
自爱行动指南

（美）拉莎·杰伊　瓦莱丽·伊内兹 著
鲁擎雨 译

图书在版编目（CIP）数据

影子日记：自爱行动指南 /（美）拉莎·杰伊，（美）瓦莱丽·伊内兹著；鲁擎雨译 . -- 北京：北京联合出版公司，2024.3
ISBN 978-7-5596-7414-2

Ⅰ . ①影… Ⅱ . ①拉… ②瓦… ③鲁… Ⅲ . ①心理学—通俗读物 Ⅳ . ① B84

中国国家版本馆 CIP 数据核字 (2024) 第 041780 号

SHADOW WORK JOURNAL FOR SELF-LOVE

By Latha Jay and Valerie Inez

Published in the United States by Zeitgeist, an imprint of Zeitgeist™, a division of Penguin Random House LLC, New York.
penguinrandomhouse.com
Zeitgeist™ is a trademark of Penguin Random House LLC
Simplified Chinese translation copyright @ 2024 by United Sky (Beijing) New Media Co., Ltd.
All rights reserved.

出 品 人	赵红仕
选题策划	联合天际
责任编辑	周　杨
美术编辑	程　阁　梁全新
封面设计	tarou

出　　版	北京联合出版公司 北京市西城区德外大街 83 号楼 9 层 100088
发　　行	未读（天津）文化传媒有限公司
印　　刷	大厂回族自治县德诚印务有限公司
经　　销	新华书店
字　　数	80 千字
开　　本	787 毫米 × 1092 毫米　1/32　5 印张
版　　次	2024 年 3 月第 1 版　2024 年 3 月第 1 次印刷
ISBN	978-7-5596-7414-2
定　　价	45.00 元

关注未读好书

客服咨询

本书若有质量问题，请与本公司图书销售中心联系调换
电话：(010) 52435752

未经书面许可，不得以任何方式转载、复制、翻印本书部分或全部内容
版权所有，侵权必究